Inhalt

Unternehmen machen mobil - Dank Responsive Webdesign passen sich Online-Auftritte unterschiedlichen Displaygrößen flexibel an

Kernthesen

Beitrag

Fallbeispiele

Weiterführende Literatur

Impressum

Unternehmen machen mobil - Dank Responsive Webdesign passen sich Online-Auftritte unterschiedlichen Displaygrößen flexibel an

Harald Reil

Kernthesen

- Immer mehr Deutsche nutzen mobile Endgeräte. Auf diese Entwicklung reagiert eine stetig wachsende Zahl von

Unternehmen mit mobilen Webseiten.
- Responsive Webdesign (RW) macht die Kreation von unabhängigen Mobile Sites überflüssig.
- Unternehmen mit Weitblick tun gut daran, bei der Entwicklung ihrer mobilen Internetauftritte auf sich je nach Ausgabegerät selbstständig verändernde Websites zu setzen, anstatt sich auf bald obsolete Technologien einzulassen.
- Allerdings ist Responsive Webdesign nicht in jedem Fall die beste Lösung.

Beitrag

Siegeszug: Mobile Computing wird in Deutschland immer beliebter

Die Zahlen sprechen eine deutliche Sprache: Die Deutschen werden immer mobiler. Rund 19 Millionen Bundesbürger surfen mittlerweile schon von unterwegs aus im Internet. Allein während des letzten halben Jahres hat die Zahl der Nutzer von tragbaren Endgeräten um 2,2 Millionen zugelegt (Stand: Ende September 2012). Das

Marktforschungsinstitut EITO schätzt, dass die Handybranche im laufenden Jahr fast 23 Millionen Smart Phones an den Mann beziehungsweise an die Frau bringen wird - das ist ein Plus von 43 Prozent im Vergleich mit 2011. Fachleute gehen außerdem davon aus, dass in Privathaushalten Tablets den PCs den Rang ablaufen werden. Angesichts dieses Siegeszugs von Mobile Computing ist es kein Wunder, dass auch Unternehmen und Medien zunehmend mobil machen. Beliebt sind vor allem Apps - auch wenn sie nicht immer die beste Lösung sind. Die Nachteile der kleinen Helferlein liegen auf der Hand: Sie brauchen für jedes Betriebssystem ein eigenes Programm. Sie sind nur für eine Displaygröße ausgelegt. Entwickler müssen sich jedes Update vom App-Store-Betreiber absegnen lassen. Eine Alternative sind mobile Webseiten, die mit moderner Technologie, dem so genannten Responsive Webdesign, so gestaltet werden können, dass sie sich automatisch an unterschiedliche Bildschirme anpassen. (1), (2)

Unternehmen mit Weitblick setzen auf Responsive Webdesign

Diese neue Technik ist in den USA bereits gang und gäbe. Hierzulande wird sie noch kaum eingesetzt, obwohl Anbieter versichern, dass dahinter keine große Zauberei steckt. Sich je nach Ausgabegerät selbstständig verändernde Websites basieren auf neuesten HTML-, CSS- und JavaScript-Versionen, die einfach mehr können als ihre Vorläufer. Trotzdem müssen Entwickler beim Entwurf etwas mehr Gehirnschmalz einsetzen als bei der Konzeption einer eigenständigen mobilen Variante. Dazu gehört die Klärung zum Beispiel folgender Fragen: Wie soll die Seite bei einem Browser reagieren, der ein kleineres Display hat? Lassen sich die Links auch öffnen, wenn sie mit dem Finger statt mit einem Cursor angeklickt werden? Steht die Seite aber erst, hat das Unternehmen einen geringeren Pflegeaufwand bei Aktualisierungen als bei mobilen Websites, die unabhängig von der Main Site programmiert wurden. Firmen mit Weitblick sind daher gut damit beraten, ihre Mobilpläne mithilfe von Agenturen umzusetzen, die Responsive Webdesign beherrschen, anstatt sich auf veraltete Technologien einzulassen - auch wenn sie für Entwicklung und Umsetzung anfangs vielleicht tiefer in die Tasche greifen müssen als für die Konzeption einer herkömmlichen Website. [(2)](), [(3)](), [(4)]()

Experten empfehlen Doppelstrategie

Apps sind damit aber noch lange nicht out. Experten schlagen daher eine Doppelstrategie vor. Schon allein aus dem Grund, weil überzeugte App-Nutzer kaum das Lager wechseln und daher auch nicht auf Konkurrenzseiten fremdgehen. Bei surfenden Usern ist die Gefahr eines Besuchs beim Wettbewerber hingegen um vieles größer. Eine mögliche Lösung, um dieses Problem in den Griff zu bekommen, ist eine "Access-App" - eine App also, über die der User direkt Zugang zur mobilen Website erhält. (2), (3)

Viele Vorteile, aber auch Nachteile

Trotz vieler Vorteile ist Responsive Webdesign kein Wundermittel, das auf alle nur denkbaren Online-Wünsche die beste Antwort liefert. Wer mit dieser Technologie arbeitet, muss vom kleinstmöglichen Bildschirm ausgehen und sich von da aus nach oben denken. Die Frage ist allerdings, ob diese Strategie bei jedem Anbieter sinnvoll ist. Vor allem Unternehmen, deren Websites von großformatigen Bildern oder Videos leben, werden kaum Bedarf an flexiblen Seiten haben, die auch noch auf einem Smartphone zu lesen sind. Ein weiterer Einwand: Auch Online-Shops sind unter Umständen besser damit beraten, bei der Entwicklung ihrer Seiten auf Responsive Webdesign zu verzichten. Apps oder verschiedene Sites für PCs, Tablets und Smartphones sind vielleicht die bessere Lösung für ihre speziellen Bedürfnisse. Ebenfalls kontrovers diskutiert werden Themen wie der Sinn oder Unsinn von responsiver Bannerwerbung oder die Nutzung der Technologie von Anbietern, die hauptsächlich von Streaming-Content leben. (4)

Trends

Mobile Experts händeringend gesucht

Der Siegeszug der mobilen Endgeräte wird auch mehr und mehr mobile Websites generieren. Dieser Trend lässt sich leicht an Zahlen festmachen. Um ihre ehrgeizigen Mobilpläne zu verwirklichen, suchen Firmen händeringend Fachleute. Eine Umfrage, die der Bundesverband Digitale Wirtschaft (BVDW) unter 240 Unternehmen gestartet hat, hat gezeigt, dass Firmen vor allem Experten mit Kenntnissen im Mobile Marketing suchen (72 Prozent der Nennungen). Auf den weiteren Plätzen folgten Onlinevermarktung und E-Commerce, beide gleichauf mit 63 Prozent, und Social Media (59 Prozent). Weitere Zahlen untermauern den Trend der zunehmenden Mobilisierung: Die Wirtschaft hat im ersten Quartal des laufenden Jahres für mobile Websites, Display-Werbung und Apps insgesamt 9,3 Millionen Euro, und damit 70 Prozent mehr ausgegeben als im selben Zeitraum des Vorjahres. 2011 investierte sie zirka 36 Millionen Euro allein in die Werbung auf mobilen Websites. Das war bereits das Doppelte der Spendings, die sie für Kinowerbung aufgewendet hat. Diese Ergebnisse beruhen auf einer Studie, die Nielsen, ein Informations- und Medien-Unternehmen mit Hauptsitz in den Niederlanden, und der BVDW gemeinsam veröffentlicht haben. (1), (6)

Fallbeispiele

Nutzer von Deutschlands größtem Online-Fahrzeugmarkt fahren zweigleisig

Dass sich das Surfverhalten der Deutschen grundlegend ändert, hat eine Studie zutage gefördert, die mobile.de bei D.core in Auftrag gegeben hat. Die Agentur hat dazu über 2 300 Nutzer von Deutschlands größtem Internet-Fahrzeugmarkt befragt. Die wesentlichen Ergebnisse: 57 Prozent der User haben ein mobiles Endgerät. 69 Prozent davon fahren zweigleisig. Das heißt: Sie besuchen sowohl die Main Site als auch die mobile Version des Online-Autohändlers. Vor allem die jüngere Generation nutzt das Mobilangebot gerne. Weitere Zahlen: 23 Prozent der Nutzer surfen auf die mobile Site des Kfz-Marktes, wenn sie sich bei einem Autohändler vor Ort befinden. Prozentual gesehen, gibt es kaum mehr einen Unterschied, ob der User von zu Hause auf die mobile Version von mobile.de zugreift oder von unterwegs. Die entsprechenden Werte lauten 69 beziehungsweise 71 Prozent. 45 Prozent nutzen die mobilen Seiten von der Arbeit, der Uni oder der Schule aus. (5)

Bild ist spitze - auch mobil

Bild ist nicht nur die am meisten gelesene Tageszeitung Deutschlands, auch ihre mobilen Webseiten finden die User spitze. Mit 1,46 Millionen Unique Mobile Users (UMU) pro Woche liegt das Springer-Erzeugnis unangefochten vorne. Es folgen der Internet-Ratgeber gutefrage.de mit 980 000 UMU, die mobile Ausgabe des Spiegel (870 000), Vodafone Live (670 000) und die Deutsche Telekom (580 000). Verglichen mit dem Vorjahr haben vor allem Bild, Vodafone Live und Spiegel mobil zugelegt. (7)

Schweizer Fitness-Kette lässt sich flexible Website maßschneidern

Wie innovativ unsere Schweizer Nachbarn sind, demonstriert die Fitness-Kette Exersuisse, die in der Deutsch- und Westschweiz 18 Trainingscenter betreibt. Der Anbieter von professionellem Krafttraining hat sich von dem Webdienstleister Namics nicht nur eine flexible Website mithilfe von Responsive Webdesign maßschneidern lassen, er setzt auch konsequent auf Content Marketing. Konkret: Exersuisse stellt auf seinen Seiten nicht sich selbst in den Vordergrund, sondern versorgt Leser mit nützlichen Informationen und Hilfsmitteln rund ums Krafttraining. Dazu zählen ein elektronischer Trainingsplan und eine ganze Reihe von Tipps zum gesunden Muskelaufbau. (8)

Aarau führt mobile Website ein

Ebenfalls fortschrittlich zeigen sich die Aarauer Stadtväter. Sie haben eine Website in Auftrag gegeben, die sich an den Browser anpasst und deren Inhalt nun auch mit einem Smart Phone gut zu lesen ist. Ausschlaggebend für diese nutzerfreundliche Wende war, dass rund zehn Prozent der User die Aarauer Stadtseite mithilfe eines mobilen Endgeräts aufgerufen haben. (9)

Adobe ist führender Anbieter für

Responsive Webdesign

Führend bei Anwendungsprodukten rund um Responsive Webdesign ist Adobe. Das US-amerikanische Unternehmen hat seine Publishing-Software radikal auf die neue Ära der mobilen Endgeräte ausgerichtet. (10)

Weiterführende Literatur

(1) Schrittmacher des "Internet to go"
aus Absatzwirtschaft Nr. 10 vom 28.09.2012 Seite 044

(2) Es muss nicht immer die App sein: Mehr Reichweite für Verlage mit mobilen Webseiten
aus news aktuell, 2012-03-22

(3) Eine Website für alle Ausgabegeräte
aus "it&t-business" Nr. 07-08/2012 vom 06.07.2012 Seite: 43

(4) Zoomen wird überflüssig
aus werben & verkaufen Nr. 39 vom 27.09.2012, S. B32 - B34

(5) Studie: Nachfrage nach mobilen Webseiten nimmt zu
aus horizont.net vom 13.08.2012

(6) Bella figura
aus acquisa, Vol. 56, Heft 07-08/2012, S. 16-21

(7) AGOF: Bild ist Mobile-Marke mit größter Reichweite
aus W&V Online-Magazin vom 06.09.2012

(8) Responsive Webdesign: Namics realisiert kundenzentrierten Webauftritt für Exersuisse
aus ots news schweiz - Vermischtes vom 1.10.2012

(9) Website neu iPhone-tauglich
aus Mittelland Zeitung vom 02.10.2012

(10) Seitengestaltung nach dem Ende des Print
aus Neue Zürcher Zeitung 02.08.2012, Nr. 177, S. 58

Impressum

Unternehmen machen mobil - Dank Responsive Webdesign passen sich Online-Auftritte unterschiedlichen Displaygrößen flexibel an

Bibliografische Information der deutschen Nationalbibliothek

Die Deutsche Nationalbibliothek verzeichnet diese Publikation in der deutschen Nationalbibliografie; detaillierte bibliografische Daten sind im Internet über http://dnb.d-nb.de abrufbar.

ISBN: 978-3-7379-0393-6

© 2015 GBI-Genios Deutsche Wirtschaftsdatenbank GmbH, Freischützstraße 96, 81927 München, www.genios.de

Alle Rechte vorbehalten. Dieses Werk ist einschließlich aller seiner Teile – z.B. Texte, Tabellen und Grafiken - urheberrechtlich geschützt. Jede Verwertung außerhalb der Grenzen des Urheberrechtsgesetzes bedarf der vorherigen

Zustimmung des Verlags. Dies gilt insbesondere auch für auszugsweise Nachdrucke, fotomechanische Vervielfältigungen (Fotokopie/Mikroskopie), Übersetzungen, Auswertungen durch Datenbanken oder ähnliche Einrichtungen und die Einspeicherung und Verarbeitung in elektronischen Systemen.